AF563078

TULLIO MARTELLO

LES GOUVERNEMENTS

EN FRANCE

ET

L'INITIATIVE INDIVIDUELLE

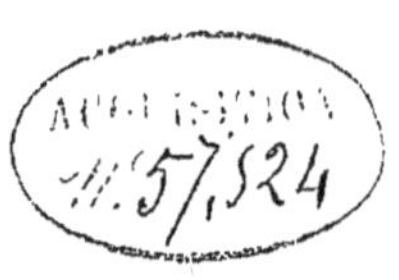

RÉPONSE

A L'ARTICLE DE M. H. DAMETH

LA RÉPUBLIQUE ET LA RÉVOLUTION

publié dans le Journal de Genève du 29 mars 1871.

GENÈVE
A. CHERBULIEZ ET Cie
2, Grand'rue, 2.

PARIS
LIBRAIRIE SUISSE
33, rue de Seine, 33.

1871

Lb 57
1369

LES

GOUVERNEMENTS EN FRANCE

ET L'INITIATIVE INDIVIDUELLE

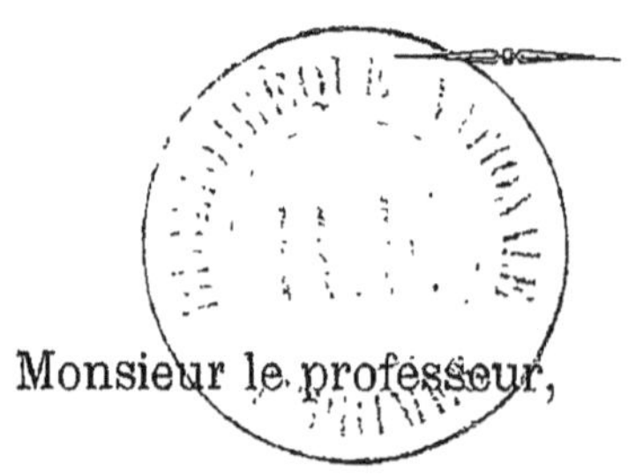

Monsieur le professeur,

Les faits dont Paris est à cette heure le théâtre sont, dites-vous, les résultantes extrêmes des fautes anciennes, de même que ces fautes relèvent de la maladie qui dévore la France, — l'esprit de révolution, — qui y entraîne gouvernement, institutions, lois, mœurs publiques et privées.

Oui, c'est parfaitement vrai ce que vous dites, mais ce n'est pas tout ; et pour guérir l'esprit de révolution, c'est-à-dire pour en réduire la force expansive afin qu'il intervienne de toute sa puissance alors seulement qu'il devient nécessaire, entre une période historique qui s'en va et dont restent les croyances et une période nouvelle qui chancelle aux premières luttes contre les traditions du passé, il faut remonter des effets aux causes et étudier avant tout pourquoi cet esprit de révolution se gaspille en France, en faisant de ce grand pays le jouet fatal de toutes les aventures et de toutes les hontes.

Le nœud de la question ne réside pas, je crois, où vous l'avez indiqué, mais il faut le chercher plus au fond dans la pathologie du corps social : il est le même pour la France et pour tous les autres Etats d'Europe, l'Angleterre et la Suisse exceptées. En France, il explique cet esprit de révolution qui déborde de son lit naturel et interrompt ainsi le mouvement régulier de la vie politique et sociale ; ailleurs, il explique l'état d'énervement, de passivité, d'indolence, qui donne tant de force et d'assiette au despotisme et aux coteries ; de part et d'autre, ce sont toujours les deux extrêmes qui se touchent et qui aboutissent aux mêmes résultats par l'abaissement moral et par les agitations stériles des peuples européens.

Vous dites qu'en France il y a deux catégories de révolutionnaires, ceux qui se précipitent vers l'inconnu tête baissée et sans tenir compte des faits existants, et ceux qui ne comprennent que le retour à un passé trop connu ; vous ajoutez que si le but des uns est opposé à celui des autres, le moyen pour atteindre ce but est le même pour ceux qui veulent aller trop loin et pour ceux qui veulent reculer trop en arrière. Ce moyen, vous l'indiquez très bien, c'est la prise de possession, l'accaparement, *per fas et nefas*, du pouvoir. Ce qui explique, dites-vous, la raison d'être de cet esprit de révolution ; ce qui vous fait conclure en disant qu'en France la condition *sine qua non* du salut réside dans la nécessité de déraciner cet esprit, dont les développements logiques expliquent les maux qu'elle souffre depuis longtemps et aujourd'hui plus que jamais.

Mais non, monsieur, ce n'est pas l'esprit de révolution qu'il faut guérir, mais bien l'esprit d'insouciance politique qui règne presque partout en Europe, et qui en France est une cause de bouleversement lorsqu'après de longues années il est interrompu soudainement par l'esprit de révolution qui est inné dans ce peuple de race celte raffinée.

Ce n'est pas l'envie d'arriver au pouvoir qui est le mobile des deux catégories de révolutionnaires qui se disputent le terrain aussi bien en France que partout ailleurs; mais c'est la certitude qu'une fois qu'elles y seront arrivées, la nation tout entière, au lieu de faire opposition à tout ce qui n'est ni juste ni utile, se soumettra d'abord au pouvoir et l'aidera ensuite aveuglément. C'est la certitude qu'une fois arrivées au gouvernement de la chose publique, la nation aura assez de la forme et se souciera fort peu du fond de la liberté; que grâce aux formes tout acte le plus illégitime sera rendu légal et qu'au lieu de s'en tenir aux simples fonctions de garantir l'ordre et la sécurité de la société, le pouvoir pourra intervenir directement dans les questions qui devraient rester à l'abri de toute influence gouvernementale. C'est la certitude que le pouvoir étant une fois emporté d'assaut, il n'y aura pas besoin de faire violence à l'état réel des hommes et des choses pour réaliser le programme de parti, puisque l'état réel des choses est celui qui est et non pas celui qui devrait être, et l'état réel des hommes est ici de méconnaître tout moyen capable d'empêcher que le gouvernement sorte des limites au delà desquelles, au lieu d'être la base constitutive d'une société, il devient un péril permanent pour une société constituée.

Le moyen d'empêcher le gouvernement de sortir de ses attributions, c'est tout simplement de le forcer à y rester; c'est une application, et la plus heureuse, de l'esprit de révolution qui doit s'exercer ou pour réformer ce qui est mauvais ou pour maintenir ce qui est bon. Ce moyen est à la portée de tout citoyen, mais en dehors de la Suisse et de l'Angleterre, je ne connais pas, sur le continent européen, un seul état où les citoyens, non-seulement en fassent usage, mais où ils paraissent même en être instruits, c'est-à-dire qu'à l'exception des Suisses et des Anglais, les autres citoyens se soucient fort peu de leurs droits. Or, c'est un fait incontestable que « le respect que les gouvernants accordent à un ordre quelconque de droits est toujours en raison de l'importance que le public lui-même lui accorde. » A l'ordinaire, un gouvernement n'ose jamais attenter aux bien matériels des citoyens; il ne met jamais les mains sur le cheval, sur la maison, sur la terre, sans donner en échange une indemnité préliminaire au propriétaire; et pourquoi? parce que chacun, dans la possession de ses biens matériels, est protégé par la raison publique d'honnêteté, et aucun gouvernement n'oserait le dépouiller sans pousser tous les autres hommes à se soulever contre lui. Ainsi, tandis qu'un gouvernement, voire même le plus absolu, respecte avec scrupule la propriété matérielle, il empêche sans respect et impunément le libre exercice des autres facultés humaines; pourquoi? parce qu'il peut le faire sans que le public s'en croie lésé. Si un gouvernement voulait enlever à un homme son champ, parce que cet homme ne pense pas comme lui, chacun des concitoyens de celui-ci ferait de sa cause la sienne et tous s'insurgeraient en sa faveur. C'est donc l'esprit de révolution qui dans ce cas protége la société. Mais si, pour une opinion politique, un homme est privé de son industrie ou du droit de se servir de ses facultés, industrie et droit qui peuvent valoir pour lui autant et plus que la possession du plus beau domaine foncier, aucun de ses concitoyens ne se croit lésé par cet acte de violente spoliation. Ici l'esprit de révolution fait défaut, et c'est celui de l'insouciance qui domine. C'est sur ce fait, qui tombe sous les yeux de tous, sans que personne s'en aperçoive, c'est sur cette désolante vérité, que les peuples ignorent toujours, c'est sur cette erreur qui échappe à l'observation des masses et qui, comme un miasme subtil et invisible, entraîne les plus graves conséquences dans la vie publique et sociale; c'est sur ce fait, dis-je, que se fondent l'ignominie d'un pays, son malaise, sa faiblesse, l'énervement de ses mœurs, son impuissance et souvent ses crimes et son infamie. C'est là le nœud de la question, c'est là le secret du despotisme, c'est là l'origine de l'abjection d'un peuple. Je dis l'origine, parce qu'il y a mille autres erreurs qui, comme conséquence de la première, se multiplient de plus en plus à mesure que les unes se consolident ou que les autres passent en habitude. Pour ne citer que celles auxquelles la France doit aujourd'hui sa déplorable situation, il me suffirait de rappeler ici les paroles d'un illustre économiste français, Dunoyer, qui, il y a déjà cinquante ans, n'avait pas manqué de mettre en garde son pays contre les dangers de ces erreurs: « Les richesses que nous convoitons, disait-il, et qui ne sont pas un mal en elles-mêmes, le deviennient par le peu de scrupule que nous apportons dans le choix des moyens pour les acquérir. Gagner sur le public, jouir sans remords des émoluments les plus disproportionnés en raison des services que nous rendons, nous faire même rétribuer pour le mal que nous avons fait à nos concitoyens, demander et défendre des priviléges prohibitifs, prêter notre argent à qui veut s'en servir pour opprimer l'humanité, tout cela constitue autant d'actes immoraux qu'il suffirait de supprimer pour que le despotisme croulât sur ses fondements. » L'auteur français parle ici de despotisme; je me permettrai d'ajouter que ces actes immoraux sont la clef de voûte qui soutient les gouvernements monarchiques en général et tout gouvernement de faction en particulier. Les barricades de l'insurrection ne servent qu'à river les chaînes de l'esclavage lorsque, dans l'âme du peuple, il y a ignorance, apathie, pusillanimité et dépravation morale. Je ne jetterai pas la pierre contre vos concitoyens, qui expient aujourd'hui amèrement leurs erreurs passées; mais dès l'instant que l'on veut comprimer les généreuses impulsions du cœur et les sympathies aveugles pour juger avec le raisonnement sévère de la science et de l'histoire, alors on ne peut oublier certaines vérités, parmi lesquelles s'en trouvent quelques-unes très heureusement formulées par un de vos concitoyens dans les maximes suivantes, qui, je le crois, peuvent s'appliquer dans une certaine mesure à la France du second empire et à la France actuelle:

« Rien de plus corrupteur que la faiblesse; en consentant à tout souffrir, on encourage les autres à tout oser.

» Le mal est moins souvent produit par la méchancheté des hommes injustes que par la faiblesse des hommes lâches.

» Si les individus doivent être réfrénés par le pouvoir, le pouvoir à son tour doit être réfréné par la société.

» Celui qui demande le sacrifice de la liberté dans l'intérêt de l'ordre est à la fois ennemi de l'ordre et de la liberté. »

Ces maximes, il me semble, renferment tout le sens nécessaire pour obtenir la liberté même là où les bonnes institutions font défaut. Ces maximes observées et pratiquées sous le pire des gouvernements en corrigeraient essentiellement les défectuosités. En fait, pour peu qu'on observe les codes qui sont en vigueur dans tous les Etats de l'Europe, on trouve dans chacun beaucoup d'étalage de justice et un fonds général de sagesse; et si les conditions politiques et économiques des peuples européens sont déplorables dans leur ensemble, cela dépend moins de ce que les lois sont violées par ceux-là mêmes qui ont le mandat de les faire observer que de ce qu'on les viole impunément. Il ne faut pas se faire illusion ; ce n'est pas de la volonté des gouvernements que naît la liberté, mais bien de l'état de la société et de la condition des mœurs. C'est une erreur, une grave erreur de dire que dans un pays il n'y a de liberté que celle accordée par le gouvernement; et si la liberté ne s'appuie pas sur cette vertu politique que Montesquieu a posée, pour base des Etats démocratiques, elle rampe misérablement à terre, comme une vigne privée de son soutien, et y périt avec ses fruits les plus précieux. La réforme du gouvernement n'emporte pas avec elle la réforme de la société, mais le perfectionnement social a pour conséquence logique l'amélioration du gouvernement. « Le gouvernement est en tout temps l'expression exacte des idées et des habitudes prédominantes dans la société; plus ces idées sont imparfaites et plus le gouvernement est imparfait; plus elles sont bonnes, plus le gouvernement est bon. Il n'y a pas d'acte vicieux du pouvoir dont on ne puisse trouver les causes dans l'état de la société; au lieu donc de dire que la liberté dépend uniquement de cet ensemble d'individus et de corps constitués que l'on appelle gouvernement, il faut dire qu'elle dépend de la bonté des idées et des habitudes politiques prédominantes chez les peuples. »

Or, le peuple français a-t-il ce fond de liberté nécessaire pour se constituer en république sans danger que l'esprit de révolution mal dirigé et plus mal entendu ne donne tous les avantages aux partis qui empiètent en France depuis que le soleil de 89 s'est caché derrière l'horizon de sa grandeur et de son génie? La France actuelle, a-t-elle assez de patriotisme, assez de dévouement, assez de pénétration pour ne pas tomber de Carybde en Sylla, pour sortir des guet-apens des réactionnaires de Versailles et des tristes avances de cette école socialiste déguisée en néo-Montagnards ? Je le crains, si je ne me trompe pas dans mes jugements sur le peuple français. Je voudrais bien dire ici ma pensée tout entière, mais je ne voudrais non plus froisser votre susceptibilité de citoyen français. Si je parlais en public je rappellerais que les ennemis de ceux qui se complaisent dans l'erreur leur disent rarement la vérité, qu'aux amis seuls appartient le devoir de nous avertir de notre mal, que les ennemis nous le cachent toujours dans la crainte qu'en nous avertissant nous nous ravisions. Je rappellerais cela parce que, dans l'état de surexcitation où se trouvent les esprits, mes allusions à la France, peut-être un peu trop sevères, pourraient être détournées de leur véritable sens, tandis qu'elles proviennent uniquement de l'amour que je porte à ce peuple aussi grand dans ses vices que dans ses vertus.

Du reste, pour éviter le danger d'une interprétation équivoque, je n'aurais qu'à citer les paroles d'un écrivain français qui, dans une brochure religieuse, publiée il y a quelques mois seulement, juge ses concitoyens de la manière suivante :

« Nous avons des vertus natives, des qualités qui nous sont propres : une grande générosité de caractère, un élan sympathique et désintéressé, quelque chose de chevaleresque, de franc et de hardi, une facilité étonnante de conception et d'action, une vivacité d'esprit merveilleuse pour frapper au bon coin toute pensée délicate et pour la jeter dans la circulation comme monnaie courante ; nous avons un besoin de rayonnement et d'expansion qui s'applique à tout, une ferveur de propagande incomparable pour répandre chez les autres ce que nous avons su conquérir par nous-mêmes ; nous avons tout un ensemble d'instincts et de vertus qu'on ne retrouve au même degré chez aucun autre peuple. — Mais nous avons les défauts de ces qualités. Nous avons une grande légèreté de caractère, une confiance absolue en nous-mêmes et un mépris assez profond pour ce qui n'est pas nous. Nous nous flattons d'être la grande nation, appelée par les destins à donner le ton aux autres et peut-être aussi à leur faire la loi. Et il se trouve que la moitié de cette grande nation ne sait ni lire, ni écrire : en fait d'instruction primaire, nous occupons le dixième rang parmi les peuples. Et cette grande nation n'a guère souci de ce qui se dit, de ce qui se fait, de ce qui se pense, de ce qui se prépare ailleurs. En telle sorte que, par orgueil national, par légèreté ou imprévoyance, nous nous isolons volontiers du reste du monde, espérant bien que nous nous suffirons toujours à nous-mêmes et que nous n'avons rien à apprendre, ni à prendre chez les autres. »

Ces paroles sont une photographie exacte des qualités et des défauts français, qualités et défauts qui ne m'enthousiasment ni ne me scandalisent; elles sont la caractéristique naturelle qu'on retrouve plus ou moins accentuée chez tous les peuples méridionaux. La variété des instincts et des passions caractérise dans ses diverses parties le grand tout de l'humanité. Vouloir ôter à la race latine ses défauts pour leur substituer les vertus de la race teutone, et vouloir substituer aux défauts de la race teutone les vertus de la race latine, serait une tâche aussi difficile qu'inutile, et peut-être aussi dangereuse. Cette colossale unité produirait une halte mortelle dans le chemin de la civilisation, et je crois que l'harmonie de l'ensemble résulte essentiellement de la variété des parties. Quand nous observons une machine, à la vue de ses résultats, nous embrassons d'un seul regard l'harmonie de tant de mouvements, de tant de pièces, qui, prises isolément, ne nous offrent aucun accord. Quand nous admirons les prodiges de l'agriculture, nous ne songeons pas que le fumier, cette matière qui, prise isolément, nous dégoûte, en soit un élément des plus nécessaires. En réalité, les défauts d'un peuple, non moins que ses qualités, sont les coefficients du progrès. Mais l'auteur dont j'ai cité les paroles opposant aux belles qualités des Français leurs défauts, a oublié de mentionner ces autres défauts qui sortent des considérations sur l'harmonie générale, parce que ce sont des crimes politiques. Ce sont ces derniers et non les autres qui expliquent les catastrophes de la France, catastrophes qui peuvent nous émouvoir en notre qualité d'hommes, mais qui ne nous montrent, à nous économistes, que la conséquence logique et infaillible des causes qui les ont provoquées. En disséquant avec le froid scalpel de la science le corps politique et social de la France, on s'explique facilement les maux qui la frappent inexorablement.

Les Français accusent de corruption tous les gouvernements qui se sont succédé depuis la révolution jusqu'à nos jours, mais je le demande, combien y a-t-il eu de Français, et quels ont été les partis qui, appelés au pouvoir, n'en aient pas abusé ? — Si, dans un pays de 36 millions d'habitants, il arrive qu'un pouvoir représenté en apparence par un petit nombre d'individus puisse s'établir et se consolider, ne faut-il pas admettre que ce pouvoir a pour complice la majorité des citoyens? — Si la majorité des citoyens soutient un pouvoir usurpateur, cela ne veut-il pas dire que les citoyens acceptent une part de la responsabilité des délits commis par le pouvoir en leur nom ? — Si la majorité des citoyens viole collectivement la loi par le moyen du pouvoir qu'elle soutient, la punition individuelle de quiconque viole la loi n'est-elle pas en contradiction avec la nature même de la loi ? — Et si le citoyen français regarde avec indifférence et même avec antipathie le libre usage de ses facultés productives ; s'il manque de cette énergie qui forme la responsabilité de l'individu ; si les libertés politiques ne l'intéressent que parce qu'il voit en elles des échelons pour s'approcher du pouvoir et y arriver en supplantant un rival : si à un gouvernement qui laisse pleine liberté de développer les moyens d'existence il préfère un gouvernement qui veuille s'en charger; si, au lieu de vouloir toutes les industries libres, il demande que le gouvernement en accapare le plus grand nombre pour les convertir en emplois publics, préférant ainsi un salaire limité mais fixe et sûr à un gain plus considérable mais dépendant d'une activité et d'une énergie trop importunes; si au lieu de considérer la concurrence comme un stimulant du perfectionnement industriel, comme un moyen d'augmenter le nombre de consommateurs et de corriger les vices possibles de la production, il demande le monopole, ou l'association du gouvernement à l'industrie privée avec la participation des frais et la garantie des profits; s'il ne s'occupe que de lui-même et s'il oublie la société dont il fait partie intégrante; si pour obtenir l'appui du gouvernement il appuie à son tour le pouvoir et lui vient en aide pour étendre ses empiétements sur la liberté politique et économique; si le citoyen français se rend coupable de tout cela, les souffrances actuelles de sa patrie ne sont, je le répète, que l'effet naturel et indispensable de ses erreurs. Et, en disant les souffrances, je n'entends pas parler de la guerre, mais de toutes ces plaies sociales et politiques que la guerre a mises à nu. Ces plaies constituent des matériaux suffisants pour étudier les circonstances qui s'opposent à ce phénomène moral auquel on donne le nom de liberté et qui, comme tout autre phénomène sensible appartenant au monde physique, se prête à l'analyse de l'observateur.

La liberté a ses lois invariables, ses exigences absolues, ses nécessités inévitables. La liberté ne s'établit pas par le seul fait qu'il plaît à un gouvernement de la décréter, par la même raison qu'elle peut exister quand même un décret gouvernemental la supprime. Les éléments dont elle se compose sont : richesse, honnêteté, indépendance, force morale, ordre, propriété, paix. Ce sont des anneaux d'une même chaîne qui dans l'ordre économique de tous les peuples ne peut se rompre sans qu'il en résulte une perturbation sociale, qui équivaut toujours à une suspension de liberté. Quiconque est pauvre est difficilement honnête et ne peut être indépendant ; quiconque n'est pas honnête ni indépendant n'a aucune force morale ; sans force morale, il n'y a point d'ordre possible ; l'ordre est la première condition de la propriété, et sans le respect de la propriété la guerre est permanente.

En examinant la nature des éléments qui composent la liberté, nous trouvons que chacun d'eux plonge ses racines dans le terrain de la plus stricte moralité. Entre morale et liberté le rapport est étroit, la relation intime, la dépendance immédiate.

Pour arriver à la richesse, « il faut être actif, probe et économe. De tous les moyens capables de réformer les mœurs, la richesse est peut-être le plus efficace ; elle nous assure le bénéfice d'une meilleure éducation, elle nous inspire des goûts, elle nous fait contracter des habitudes d'un ordre plus élevé, elle nous met dans une situation où nous avons un intérêt plus grand à nous bien conduire, elle nous donne un rang et une considération qu'il nous faut conserver, elle nous procure enfin l'aisance et tous les moyens d'acquérir des lumières ; et bien loin de tendre ainsi à nous corrompre, comme on le dit, elle tendrait plutôt à nous réformer. » — L'honnêteté a pour premier résultat de nous faire mesurer nos défauts d'après les défauts d'autrui, de nous disposer ainsi à l'indulgence et à la tolérance, et en nous donnant une haute idée de la justice, elle nous fait exiger des autres ce que nous sommes nous-mêmes disposés à leur accorder. — L'indépendance naît de l'honnêteté et de la richesse. Si le mot indépendance veut dire libre examen et libre délibération, l'homme pauvre forcé par le besoin de choisir entre la volonté des autres et sa propre indigence, entre la mort de l'esprit et la vie du corps, obéit presque toujours à l'instinct de sa propre conservation ; l'homme qui n'est pas honnête ne considère pas dans ses calculs tout le mécanisme de la vie sociale, mais il restreint toujours ses vues à l'objet qui le préoccupe individuellement à un moment donné. — La force morale n'est que l'estime publique pour l'individu ; pour la société, elle est la résultante de ces trois éléments de liberté, quand ils sont incarnés dans la majorité des individus qui la composent ; c'est la force morale qui maintient intactes les lois dans un pays libre, c'est la force brutale qui les fait respecter dans un état despotique. — L'ordre n'est pas possible où règne l'ignorance : la puissance intellectuelle de l'homme peut se développer par sa propre impulsion, mais elle ne donnera que des résultats imparfaits si elle ne s'aide de ces moyens que le travail et l'expérience de tant de générations ont accumulés sur le terrain de la science et de la logique. Par le moyen de l'instruction, les rapports des citoyens avec la société produiront l'harmonie des intérêts et avec elle l'ordre ; sans l'instruction, l'individu se trouvera en lutte avec la société, parce qu'il croira découvrir l'injustice humaine dans le phénomène naturel d'une cause économique, parce qu'il trouvera l'absurde dans le développement des faits dirigés par les lois admirables qui nous gouvernent. — La propriété peut être un objet de discussion lorsque, se constituant en dehors de toute liberté économique elle se fonde sur le terrain de l'usurpation légale ; mais lorsque la propriété se forme à l'aide de l'émancipation du travail, de la responsabilité de l'individu et du monopole naturel, qui constitue à lui seul, dans le plus grand nombre de cas l'inégalité contre laquelle s'élevent les socialistes, alors la propriété est la base fondamentale de la société. Sans la garantie de tous pour la propriété de chacun, on perdrait la volonté et la capacité de produire pour conserver, et l'on ne produirait plus que successivement ce que nos besoins immédiats réclameraient pour la consommation. Mais dans une telle condition nos besoins descendraient tout d'un coup de l'ordre le plus élevé à l'ordre le plus infime, et revenant, à l'état sauvage, la guerre serait la condition permanente de l'humanité.

Tous ces principes, qui, si on les développait dans leur enchaînement et leur déduction logiques, pourraient former le plus beau traité de morale publique et internationale, nous apportent dans leur application la liberté. En effet, si nous observons les Etats de l'Europe, nous voyons que la liberté se trouve distribuée au milieu d'eux dans la même proportion que ces principes ont leur application ; et la Suisse, dans laquelle chaque citoyen s'en fait une religion, est le berceau et le sanctuaire de cette liberté si peu connue ailleurs de ces mêmes hommes qui s'en font une arme dans leurs luttes de partis.

La république, au nom de laquelle l'opposition de tous les Etats monarchiques combat les abus des gouvernements, ne signifie pas liberté. En Suisse, en Amérique, on ne peut être que républicains, parce que, dans ces deux pays, la république est l'expression naturelle de la liberté qui vit dans l'âme des deux peuples. La république en France, en Italie, en Espagne, *dans les conditions actuelles de ces Etats*, n'aurait de vrai que le nom, et si *ipso-facto* elle y portait la liberté, toute doctrine économique et tous les codes de la morale ne seraient que mensonges devant l'évidence d'un fait que ni la morale ni l'économie ne peuvent admettre.

« Je connais, disait un illustre publiciste en 1849, deux genres de républiques, l'américaine et la française; la première souvrainement libre, l'autre antipathique à toute liberté; l'une dans laquelle l'individu est tout, initie tout, répond à lui-même et opère des merveilles; l'autre dans laquelle l'homme se fait esclave de la société, dans laquelle il n'entreprend, n'opère, ne vit qu'en mendiant des priviléges et des emplois. »

On pourrait objecter qu'on ne peut acquérir la liberté sans un régime de liberté, que semblable au soleil, en s'avançant elle éclaire son chemin de ses propres rayons, que prétendre faire un peuple libre quand ses institutions sont favorables à l'eslavage, c'est comme si l'on voulait donner la santé à un malade en le posant dans des conditions contraires à la guérison. Ceci peut être vrai; mais il n'est pas moins vrai aussi qu'à la démocratie incombe l'obligation d'instruire les masses avant de les émanciper. Toute révolution politique sera toujours infructueuse si elle n'est pas précédée d'une évolution morale. Il faut que les convictions soient mûres, que les préjugés tombent, que les préventions disparaissent, que les habitudes se corrigent avant de pousser un peuple à la lutte des révolutions politiques. La démocratie doit éclairer les masses, afin qu'elles sachent où et comment frapper dans leurs insurrections; dans les tenèbres de l'ignorance, les révolutions dégénèrent toujours en des crimes sanguinaires et en des épopées de destruction. — Pour arriver à la liberté, je crois qu'un livre vaut mieux qu'une barricade.

Les publicistes démocrates, et ils sont nombreux en France, oublient trop facilement d'instruire le peuple, et ils ne savent qu'attiser ses passions sans avoir le talent de les diriger ensuite. Ils ne savent pas faire le sacrifice de leur popularité. Leurs écrits ne sont pas toujours pénétrés de cet esprit de liberté rationnelle et sévère qui déplaît aux partis extrêmes, dont quelques-uns peuvent la trouver trop indulgente, d'autres trop réservée. Ne visant pas toujours au triomphe de la justice et de la vérité, la presse française n'a pas le courage de jeter le gant à tous les interêts qui se trouvent lésés par la vérité et par la justice. Peut-être est-il bien difficile de flageller sans cesse toute tendance rétrograde ou arbitraire quels qu'en soient l'origine, le moyen d'action, le prétexte plausible chargé de la couvrir, dans ce pays où le choc de tant de haines de partis rend presque impossible tout effort de liberté? Peut-être ne s'est-on pas encore aperçu que les plus tristes époques de despotisme politique, de corruption officielle, de mais le public ne doivent pas toujours être attribuées aux erreurs des gouvernements, mais le plus souvent aux fautes des citoyens? Dans votre écrit, vous avez rappelé les articles de circonstance des nouveaux journaux de Paris; mais que dire du langage du *journal officiel* de la Commune? « Dans les républiques antiques, le tyrannicide était une loi; ici une prétendue morale nomme assassinat cet acte de justice et de nécessité. » Le *Siècle*, seul, dans un excellent article, signé Cernuschi, eut jusqu'à présent le courage de protester contre ces théories à la Courtois. De l'échafaud où tomba la tête de Robespierre, on tenait le même langage que l'*officiel* d'aujourd'hui : » Le tyran, en s'armant contre tout le monde, arme tout le monde contre lui, et le fer dont la justice n'ose pas menacer sa tête peut, sur la place publique, être plongé dans son cœur par une main généreuse. » Ces théories sont heureusement flétries à jamais; aujourd'hui on croit à d'autres principes : c'est le despotisme qu'il faut tuer et non le despote; ce sont les institutions qu'il faut renverser, non l'homme.

Et c'est précisément en cela que consiste la différence entre les soi-disant démocrates et les vrais libéraux. Les uns trouvant la maison trop vieille et trop incommode ne pensent qu'à la démolir; les autres préparent les matériaux pour en bâtir une nouvelle avant de la détruire, sachant qu'il vaut mieux être mal abrité que de ne pas l'être du tout, et qu'en fin de compte, un gouvernement défectueux vaut mieux que l'anarchie.

Les matériaux pour l'édifice de la liberté sont les éléments dont elle se compose, et l'instruction des masses en est le principal.

C'est par là qu'il faut guérir la France et non pas en détruisant son esprit de révolution qui, après tout, vaut mille fois mieux que l'engourdissement politique dans lequel croupissent les peuples sous les autres dominations du continent. C'est par l'instruction qu'il faut donner à la France sa régénération et lui préparer son avenir. Par l'instruction seule il y aura la religion de la loi, le principe ne sera plus sacrifié à l'adoration et à la destruction successive et indéfinie du fait, l'individualisme restera attaché aux exigences d'une dignité républicaine et il sera flétri toutes les fois qu'il essayera d'établir sa propre omnipotence sur l'écrasement de la collectivité. L'antagonisme hurlant et sanglant des hommes, des sectes, des coteries, des passions, des appétits, des systèmes, des orgueils sera corrigé par la conscience populaire du devoir et du droit commun et par les notions du bien et du mal, de leurs causes et de leurs effets dans les fonctions du corps social. L'opposition subsistera toujours, mais elle cessera d'être systématique, elle deviendra non pas l'apothéose de l'ambitieux, mais la sauvegarde la plus sûre du maintien de la liberté. C'est par l'instruction des masses et non pas par la suppression de cet essor puissant du progrès que vous appelez esprit de révolution, qu'il y aura en France l'ordre, le repos, le redressement des aberrations politiques, la concorde sociale, l'harmonie des intérêts. C'est par l'instruction seule que ce grand pays pourra s'éduquer à l'école de l'*initiative individuelle* dont l'impulsion est la vraie condition *sine qua non* de son salut.

Sans instruction point de liberté, sans liberté point de république.

C'est pourquoi, en Suisse, la république est une fleur que chaque citoyen cultive avec un soin jaloux et constant, tandis que partout ailleurs elle n'a été qu'un rayon de soleil éclairant une tempête.

Lausanne, 1er avril 1871.

T. MARTELLO.

BIBLIOTHEQUE NATIONALE
Désinfection 1984
N° 9100

LAUSANNE. — IMPRIMERIE GEORGES BRIDEL.

www.ingramcontent.com/pod-product-compliance
Lightning Source LLC
LaVergne TN
LVHW010254230826
846091LV00007B/2965